BEI GRIN MACHT SICH IHR WISSEN BEZAHLT

AF153420

- Wir veröffentlichen Ihre Hausarbeit,
  Bachelor- und Masterarbeit

- Ihr eigenes eBook und Buch -
  weltweit in allen wichtigen Shops

- Verdienen Sie an jedem Verkauf

Jetzt bei www.GRIN.com hochladen
und kostenlos publizieren

Neuronale Netze zur Bilderkennung. Zusammenhang zwischen Lernrate und Vorhersagekraft

GRIN ☺

Bibliografische Information der Deutschen Nationalbibliothek:

Die Deutsche Nationalbibliothek verzeichnet diese Publikation in der Deutschen Nationalbibliografie; detaillierte bibliografische Daten sind im Internet über http://dnb.d-nb.de abrufbar.

ISBN: 9783346515889
Dieses Buch ist auch als E-Book erhältlich.

Druck und Bindung: Books on Demand GmbH, Norderstedt Germany
Gedruckt auf säurefreiem Papier aus verantwortungsvollen Quellen

Das vorliegende Werk wurde sorgfältig erarbeitet. Dennoch übernehmen Autoren und Verlag für die Richtigkeit von Angaben, Hinweisen, Links und Ratschlägen sowie eventuelle Druckfehler keine Haftung.

Das Buch bei GRIN: https://www.grin.com/document/1139820

Inhaltsverzeichnis

Abbildungsverzeichnis

Abkürzungsverzeichnis

DL	Deep Learning
KI	Künstliche Intelligenz
KNN	Künstliche Neuronale Netze
ML	Maschinelles Lernen
MNIST	Modified National Institute of Standards and Technology

Tabellenverzeichnis

1. Einleitung

Künstliche Intelligenz (KI) wird die Gesellschaft und Wirtschaft nachhaltig verändern. Laut einer Studie des McKinsey *Global Institute* soll anhand von KI-Analysen bis 2030 ein zusätzlicher globaler Wertschöpfungsbeitrag in Höhe von 13 Billionen US-Dollar erzielt werden.[1] Insbesondere in den Bereichen Bild- und Spracherkennungen wurden in den vergangenen Jahren große Fortschritte durch die Verwendung vom Tiefen Lernen (*Deep Learning*) erzielt.[2]

Der Begriff KI ist nicht eindeutig definiert. Nach Schüller und Steffen beinhaltet KI die Fähigkeit eines Softwareprogramms, eigenständig Probleme zu lösen, indem die KI wie ein menschliches Gehirn arbeitet und somit menschenähnliche Intelligenz simuliert, wohingegen die Fraunhofer Gesellschaft KI als ein Teilgebiet der Informatik interpretiert mit dem Ziel, Maschinen zu befähigen, Aufgaben intelligent zu bewältigen. Zudem ist der US-Marktforscher Gartner der Ansicht, dass KI die entscheidende Technologie der kommenden Jahre sein wird.[3]

Maschinelles Lernen (ML) gilt als Schlüsseltechnologie, um KI zu entwickeln. Das System erhält korrigierendes Feedback von außen, zieht daraus Rückschlüsse und lernt. Das Ziel von maschinellem Lernen ist die Generierung von Wissen aus Erfahrungen. Aus diesem Grund ist es nicht erforderlich, Wissen zu codieren, da der Algorithmus aus Daten lernt.[4]

Etliche KI-Systeme beruhen auf der Idee der neuronalen Netze des menschlichen Gehirns. Diese Technologie wird als *Deep Learning* (DL) bezeichnet und umfasst das Lernen in Künstlichen Neuronalen Netzen, die sich aus mehreren inneren Schichten bilden.[5]

Die Lernfähigkeit der KI wird durch Künstliche Neuronale Netze (KNN) ermöglicht. Neuronen sind Nervenzellen im menschlichen Gehirn, die durch umfangreiche

---

[1] Vgl. Buxmann & Schmidt (2021), S. 3
[2] Vgl. Fraunhofer Gesellschaft (2018), S. 6
[3] Vgl. Franken & Franken (2020), S. 43
[4] Vgl. Buxmann & Schmidt (2021), S. 9
[5] Vgl. Franken & Franken (2020), S. 39-40

Verbindungen dynamisch gekoppelt sind. Das menschliche Gehirn lernt, indem diese Verknüpfungen kontinuierlich neu gewichtet werden. Häufig genutzte Verbindungen werden gestärkt und selten eingesetzte Verbindungen verkümmern.[6]

Die Idee der KNN, Intelligenz außerhalb des menschlichen Gehirns zu schaffen ist nicht neu und greift bereits in die 1940er Jahre zurück, doch erst mit der Entwicklung der Rahmenbedingungen konnten sich KI-Anwendungen durchsetzen.[7]

Eine wichtige Voraussetzung, um ML-Verfahren einzusetzen bzw. um KI-Anwendungen entwickeln zu können, sind große Datenmengen. Daten sind heute in einem enormen Umfang zugänglich und die Datenmenge steigt weiterhin kontinuierlich an.[8]

Eine weitere Grundlage, was den Einsatz von KI-Anwendungen begünstigt, sind Technologien. Neue Technologien wie In-Memory-Datenbanken, die Daten durchgehend im physischen Hauptspeicher (RAM) des Computers speichern, ermöglichen zum einen größere Datenmengen zu verarbeiten und zum anderen Daten wesentlicher schneller zur Verfügung zu stellen, welches insbesondere Echtzeitanwendungen fördert. Hinzu kommt noch, dass der Bezug von Rechenleistung und Speicherplatz sehr kostengünstig sind.[9]

Es ist naheliegend, dass durch Entwicklungen und Fortschritte im Bereich *Quantencomputing* in Zukunft rechenintensivere KI-Anwendungen zum Durchbruch gelangen werden.[10]

1.1 Problemstellung und Zielsetzung

Viele Studien befassen sich lediglich damit, die Relevanz der KI zu umreißen. Einige wenige Studien setzen sich mit der Optimierung der KI auseinander. Eine Ursache hierfür könnte sein, dass KNN auf dem Vorbild der menschlichen Intelligenz beruhen

---

[6] Vgl. Franken & Franken (2020), S. 40
[7] Vgl. Buxmann & Schmidt (2021), S. 4
[8] Vgl. ebd., S. 8
[9] Vgl. Weber (2020), S. 4
[10] Vgl. Buxmann & Schmidt (2021), S. 8

und in diesem Zusammenhang keine Möglichkeit gegeben ist, eine einheitliche Formel zu modellieren, die die optimale Vorhersagekraft eines neuronalen Netzes berechnet.

Vor diesem Hintergrund ist das primäre Ziel der zugrundeliegenden Arbeit, den Zusammenhang zwischen Lernrate und Vorhersagekraft eines neuronalen Netzes zu untersuchen.

Für die Erforschung des Zusammenhangs wird ein neuronales Netz mit Python programmiert. Um das neuronale Netz zu trainieren, werden 30.000 Trainingsbeispiele von Bildern zu handgeschriebenen Ziffern von null bis neun herangezogen. Im Anschluss erfolgt der Evaluationsprozess mit 10.000 Testbeispielen, um die Vorhersagekraft des neuronalen Netzes zu messen. Die Daten werden von der bekannten MNIST-Datenbank (*Modified National Institute of Standards and Technology*) extrahiert.

Der implementierte Algorithmus gehört der Kategorie *Data Mining* an. Die Aufgabe des trainierten Modells besteht darin, die Bilder zu einer der zehn Zahlen (null bis neun) richtig zuzuordnen (Klassifikation).

1.2 Aufbau der Arbeit

Die Thematik der KNN ist sehr umfangreich. Aufgrund der Rahmenbedingungen werden die Themengebiete bearbeitet, die für die Implementierung des neuronalen Netzwerkes relevant sind.

In Kapitel 2 werden zunächst die theoretischen Grundlagen der KNN beschrieben. Im nächsten Kapitel erfolgt der Praxisabschnitt, indem das neuronale Netz modelliert, implementiert, ausgewertet und diskutiert wird. Im Fazit werden alle für wichtig erachtete Aspekte kurz wiederholt und ein Ausblick für weitere Forschungsarbeiten im Bereich Optimierung der KI gegeben.

1.3 Hypothese

Um die Vorhersagekraft eines Neuronalen Netzes zu steigern, damit qualitativere Prognosen generiert werden können, gibt es mehrere Anpassungsmöglichkeiten, wie z.B. das Verändern der Aktivierungs-, Propagierungs- und Ausgabefunktion oder das Entfernen bzw. Hinzufügen von Neuronen und Verbindungen. Vorwiegend wird die Anpassungsmethode der Verbindungsgewichte verwendet, weil sich dadurch der Auf- und Abbau von Verbindungen modellieren lässt.[11] Im Mittelpunkt dieser Arbeit steht ebenso die Anpassungsmethode der Verbindungsgewichte.

Eine Möglichkeit die Verbindungsgewichte anzupassen, ist die Veränderung der Lernrate. Die Lernrate bestimmt den Einfluss der Änderung auf das Kantengewicht und veranlasst, dass das Gewicht in Richtung Minimum angepasst wird. In der Regel gilt, dass eine zu hohe Lernrate zur Folge hat, dass ein Minimum nicht erreicht wird und eine zu niedrige Lernrate möglicherweise dazu führt, dass der Trainingsalgorithmus das lokale Minimum der Fehlerfunktion nicht verlassen kann.[12] Schlussfolgernd kann folgende Annahme abgeleitet werden: Eine hohe Lernrate erreicht nicht das Minimum.

Folglich lautet die zu untersuchende Hypothese: Je höher die Lernrate einer Netzgröße, desto schlechter die Vorhersagekraft des neuronalen Netzes.

2. Theoretische Grundlagen

2.1 Künstliche Neuronale Netze

Als KNN werden informationsverarbeitende Systeme bezeichnet, deren Struktur und Funktionsweise dem Nervensystem und insbesondere dem Gehirn von Tieren und Menschen nachempfunden sind. KNN setzen sich aus einer Vielzahl einfacher, parallel arbeitender Einheiten, den sogenannten Neuronen zusammen. Die Aufgabe der

---

[11] Vgl. Kriesel (2007), S. 53
[12] Vgl. Rey & Beck (o.D.)

Neuronen besteht darin, sich gegenseitig Informationen in Form von Aktivierungssignalen über gerichtete Verbindungen zuzuschicken.[13]

Der Aufbau und die Funktionsweise eines künstlichen Neurons werden anhand folgender Abbildung erläutert.

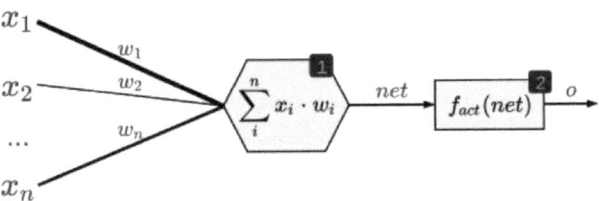

Abbildung 1: Aufbau eines Künstlichen Neurons[14]

Auf der linken Seite von Abbildung 1 sind die Ausgabesignale der vorangestellten Neuronen zu erkennen, welche zugleich die Eingangssignale $x_i = \{x_1, x_2, ..., x_n\}$ für das aktuelle Neuron bilden. Dabei können die Eingabe- sowie Ausgabesignale der Neuronen binär, reell oder bipolar sein.[15] Neuronen sind durch Kanten miteinander verbunden. Diese Kanten werden in Form von Gewichten $w_i = \{w_1, w_2, ..., w_n\}$ modelliert. Die Gewichte geben die Verbindungstärke zwischen den Neuronen wieder und legen fest, wie stark der Einfluss eines Eingangssignals auf das Neuron ist. Das erlernte Wissen eines KNN wird von diesen Gewichten wiedergegeben, die sich anhand von Matrizen darstellen lassen Die Verbindungsgewichte können durch Lernregeln modifiziert werden.[16] Die Eingabesignale x_i werden mit Gewichtsfaktoren w_i multipliziert und durch eine Propagierungsfunktion zu einem Gesamt- bzw. Netto-Eingabesignal zusammengefasst (siehe Nr. 1 in Abbildung 1). Anschließend werden

---

[13] Vgl. Kruse et al. (2015), S. 7
[14] Vgl. Wuttke (2020)
[15] Vgl. Kruse et al. (2015), S. 45
[16] Vgl. Buxmann & Schmidt (2021), S. 15-16

alle gewichteten Signale mit einer Verzerrung b „bias" addiert.[17] Schließlich wird die Summe durch eine Aktivierungsfunktion geleitet (siehe Nr. 2 in Abbildung 1). Die Aktivierungsfunktion entscheidet darüber, ob oder in welcher Stärke das einkommende Signal weitergeleitet wird.[18]

Es gibt verschiedene Aktivierungsfunktionen, z.b. kann eine Aktivierungsfunktion linear, sprunghaft (Schwellenwertfunktion) oder stetig (Sigmoidfunktion) sein.[19] Die Wahl der Aktivierungsfunktion hängt vom Anwendungsfall ab. Eine häufig eingesetzte Aktivierungsfunktion ist die Sigmoidfunktion, welche nur Zahlen im Bereich von (0,1) liefert.[20]

Durch die Verknüpfung der künstlichen Neuronen lassen sich KNN realisieren. Es gibt eine Eingabeschicht (*Input Layer*) und eine Ausgabeschicht (*Output Layer*). Die Neuronen der Eingabeschicht erhalten als Eingabesignale externen Input, wobei deren Ausgabesignale an die Neuronen der nächsten Schicht als Eingaben weitergesendet werden. Die Neuronen der Ausgabeschicht empfangen als Eingabesignale die Ausgaben der vorgelagerten Schicht und erzeugen als Ausgabesignale externen Output. Häufig sind in KNN innere verborgene Schichten (*Hidden Layers*) vorhanden. Die Neuronen in den inneren verborgenen Schichten erhalten keinen externen-Input oder -Output, denn diese befinden sich zwischen der Eingabe- und Ausgabeschicht. Je nachdem wie komplex die KNN sind, können mehrere versteckte Schichten hintereinander angeordnet sein (Abbildung 2).[21]

---

[17] Vgl. Weber (2020), S. 45
[18] Vgl. von Klot & Kuczyk (2019), S. 292
[19] Vgl. ebd., S. 294
[20] Vgl. Weber (2020), S. 45-46
[21] Vgl. ebd., S. 45

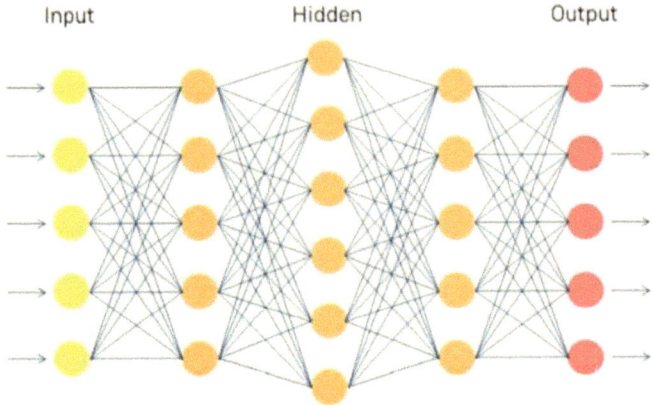

Input　　　　　　Hidden　　　　　　Output

Abbildung 2: „Tiefe" KNN[22]

2.2 Topologie

Die Wahl einer geeigneten Netzstruktur hängt vom Anwendungsmodell ab. In der Regel wird bei neuronalen Netzen zwischen zwei Netzstrukturen unterschieden: einem vorwärtsbetriebenen Netz (*feed forward network*) und einem rückgekoppelten Netz (*recurrent network*).[23]

Findet der Informationsfluss ausschließlich vorwärts statt, also von den Eingabeneuronen zu den Ausgabeneuronen, liegt eine vorwärtsbetriebene Netzstruktur vor.[24] Vorwärtsbetriebene Netze sind insbesondere für Klassifikationsaufgaben geeignet, wozu z.B. Bilderkennungsverfahren zählen.

Im Gegensatz dazu sollte ein rückgekoppeltes Netz bei der Verarbeitung sequenzieller Daten eingesetzt werden, damit z.B. Ausgaben auf Eingaben rückgekoppelt werden können.[25] Die Anwendung von rückgekoppelten Netzen eignet sich z.B. bei

---

[22] Vgl. Schlößer (2018)
[23] Vgl. Kruse et al. (2015), S. 35
[24] Vgl. ebd.
[25] Ebd.

Übersetzungsaufgaben, denn eine wörtliche Übersetzung liefert in der Regel keine qualitativen Ergebnisse. Vielmehr sollte bei der Übersetzung eines Wortes darauf Wert gelegt werden, dass die vorhergehenden und nachfolgenden Ausdrücke berücksichtigt werden, damit im Kontext übersetzt werden kann.

2.3 Lernen

Eine zentrale Eigenschaft von KNN ist die Lernfähigkeit. KNN lernen aus Erfahrungen, indem sie Wissen aus Traningsdaten extrahieren. Die Gewichte zwischen den Neuronen werden angepasst, damit das Netzwerk das gewünschte Verhalten repräsentiert.[26]

Lernmethoden für KNN können grundsätzlich in drei Kategorien eingeteilt werden: überwachtes, unüberwachtes und bestärkendes Lernen.

Beim überwachten Lernen (*Supervised Learning*) erhält der Algorithmus Feedback, ob die Vorhersage richtig oder falsch ist. Das Lernen im überwachten Modell umfasst die Entwicklung einer Funktion, die auf Basis eines Trainingsdatensatzes trainiert wird, um im Anschluss auf unbekannte Daten angewendet werden zu können. Der Trainingsdatensatz beinhaltet markierte Datensätze (*Labels*), sodass die Zuordnung zum gewünschten Ergebnis beim gesetzten Input im Voraus bekannt ist. Das Ziel beim überwachten Lernen besteht darin, eine Funktion zu formen, sodass über die initialen Daten hinaus eine Verallgemeinerung der Funktion ermöglicht wird, damit unbekannte Daten dem richtigen Ergebnis zugeordnet werden können.[27] Der Lernprozess beim überwachten Lernen beruht auf dem Trainingsdatensatz, wohingegen die Evaluierung des trainierten Modells mittels Testdaten erfolgt.[28]

Während der Trainingsphase wird die tatsächliche und gewünschte Ausgabe vom Netzwerk verglichen, um den Fehler zu identifizieren. Der Fehler wird dann dafür eingesetzt, um die Netzparameter (Gewichtungsfaktoren) entsprechend anzupassen mit dem Ziel, den Netzwerk-Fehler zu reduzieren. Nachdem die Gewichtungen für alle Traningsdaten iterativ angepasst wurden, ist das Lernen abgeschlossen, wenn ein

---

[26] Vgl. Franken & Franken (2020), S. 40
[27] Vgl. Weber (2020), S. 40
[28] Vgl. ebd.

bestimmtes Leistungsniveau erreicht wird. In der darauffolgenden Phase wird die trainierte Funktion mit neuen Testdaten geprüft, wobei die gewünschte Ausgabe erneut von vorneherein bekannt ist. Somit lässt sich ein Maß erfassen, welches die Güte des Modells wiedergeben kann.[29]

Im Focus dieser Arbeit steht das überwachte Lernen. Aufgrund der Rahmenbedingungen werden an dieser Stelle das unüberwachte und das bestärkende Lernen nicht weiter erläutert.

Wie bereits erwähnt wird die Anpassung der Verbindungsgewichte anhand von Lernregeln bestimmt (Abschnitt 2.1 Künstliche Neuronale Netze). Die Gewichte werden in der Trainingsphase modifiziert, wobei die Lernregel festlegt, wie stark die Verbindungsgewichte erhöht oder reduziert werden sollten. Je nach Netzstruktur und Anwendungsfall können verschiedene Lernmethoden herangezogen werden.[30]

Methode des steilsten Gradienten

Viele Lernregeln beruhen auf der Reduzierung des Netzwerk-Fehlers mittels der Methode des steilsten Gradienten. Die Voraussetzung dieser Methode ist, dass die Aktivierungsfunktion stetig differenzierbar ist.[31] Auf Basis des aktuellen Fehlers wird die Richtung bestimmt, in der sich der Fehler am schnellsten reduziert. Der Lernalgorithmus sucht das globale Minimum.[32]

Backpropagation

Backpropagation bzw. Fehlerrückführung ist ein gradientenbasiertes Lernverfahren für Neuronale Netze. Hierbei handelt es sich um eine Optimierungsprozedur zur Minimierung des Netzwerkfehlers. Die Backpropagation Methode ist ein wichtiges Verfahren beim überwachten Lernprozess. Das Ziel dieses Lernverfahrens ist, die Verbindungsgewichte zwischen den Neuronen so anzupassen, dass die Ausgabe des

---

[29] Vgl. Weber (2020), S. 40-41
[30] Vgl. Rey & Beck (o.D.)
[31] Vgl. Kriesel (2007), S. 89
[32] Vgl. Rey & Beck (o.D.)

Neuronalen Netzes hinreichend genau mit dem gewünschten Ergebnis übereinstimmt. Hierfür wird die Ausgabe des Netzwerks mit der Ausgabe des gewünschten Ergebnisses vergleichen. Die Abweichung (Differenz) zwischen den beiden Zuständen wird dafür eingesetzt, um die Verbindungsgewichte zwischen den Neuronen zu modifizieren. Die Fehler in der Ausgangsschicht werden anteilig auf die Fehlerbeiträge der beteiligten verborgenen Schichten rückwärts bis hin zu den Eingangsschichten zurückgeführt. Die Verbindungsgewichte werden iterativ angepasst. Somit lernt das Netzwerk, sich anzupassen.[33]

Die zentrale Eigenschaft der Backpropagation Methode ist, dass die Lernregel bei Neuronalen Netzen eingesetzt werden kann, die verborgene Schichten enthalten.[34]

Darüber hinaus besteht die Möglichkeit bei unbefriedigendem Lernerfolg des Neuronalen Netzes die Lernrate zu verändern, um die Vorhersagekraft des Modells zu steigern.[35]

Jedoch existiert kein Verfahren, welches die optimale Lernrate berechnet. Aus diesem Grund wird die passende Lernrate durch einfaches Ausprobieren ermittelt. Die Neuro-Fuzzy-AG der Universität Münster empfiehlt z.B. die Strategie, mit einer hohen Lernrate zu beginnen und schrittweise bei unbefriedigendem Lernerfolg, die Lernrate zu senken.[36]

Die Veränderung der Lernrate kann folgende Probleme beinhalten:[37]

- hohe Lernrate: das Minimum kann in der Regel nicht erreicht werden.
- niedrige Lernrate: das lokale Minimum der Fehlerfunktion wird häufig nicht verlassen

---

[33] Vgl. Weber (2020), S. 47
[34] Vgl. Rey & Beck (o.D.)
[35] Vgl. ebd.
[36] Ebd.
[37] Ebd.

2.4 Netzgröße

Um die optimale Anzahl der verborgenen Neuronen zu bestimmen, liegt kein allgemeingültiges Verfahren vor. Ziel ist es, die geeignete Anzahl an Neuronen zu definieren. Bei zu wenigen Neuronen ist das Netz nicht in der Lage, ausreichend Informationen zu extrahieren, um die Aufgabe zu lösen.[38] Hingegen bei einem zu großen Netz das Training aufgrund der umfangreichen Verbindungen aufwändiger ist. Zudem besteht die Gefahr, dass das Netz die Trainingsbeispiele auswendig lernt und in diesem Zusammenhang der Algorithmus nicht mehr generalisieren kann.[39]

3. Praxisteil

Auf Basis der beschriebenen Grundlagen im vorherigen Kapitel, soll im folgenden Abschnitt ein eigenes Netz implementiert werden. Bei der Implementierung soll sowohl die Herangehensweise als auch die Modellierung des Netzes erläutert werden.

Für die Implementierung des KNN sollen folgende Bibliotheken importiert werden: numpy, matplotlib(.pyplot), scipy special.

3.1 Implementierung

Phase 1: Definition Aufgabenstellung

Die Texterkennung der menschlichen Handschrift ist ein adäquates Beispiel, um KI zu erproben, da menschliche Intelligenz den computergestützten Algorithmen bei der Identifizierung der Handschrift überlegen sein sollte. Schreibweisen können variieren und nicht präzise ausgeschrieben sein, insbesondere wenn das Zeichen in Eile oder ohne Sorgfalt verfasst ist. Trotzdem ist der Mensch in der Regel dazu fähig, die Zahlen zu

---

[38] Vgl. Walde (2005)
[39] Vgl. ebd.

identifizieren. Daher eignet sich die Problemstellung, um mit einem KNN bearbeitet zu werden.

Phase 2: Datenakquisition

Bei der Datenauswahl muss zum einen sichergestellt werden, dass ausreichende Datenmengen vorhanden sind und zum anderen, dass qualitative Daten eingesetzt werden.

Der Datensatz soll von der häufig genutzten US-amerikanischen MNIST-Datenbank für Handschrifterkennung mit handgeschriebenen Ziffern extrahiert werden. Der Trainingsdatensatz beinhaltet 60.000 gekennzeichnete Beispiele und der Testdatensatz umfasst 10.000 gekennzeichnete Beispiele. Beide Datensätze sind bereits gelabelt, d.h. die Eingänge sind mit der gewünschten Ausgabe erfasst, somit findet ein überwachter Lernprozess statt.

Abbildung 3 veranschaulicht Beispielbilder des MNIST-Datensatzes. Es ist deutlich zu erkennen, dass qualitative Daten zur Verfügung stehen.

Abbildung 3: Beispielbilder des MNIST-Datensatzes[40]

Phase 3: Netzmodell

Nachdem geeignetes Datenmaterial sichergestellt wurde, muss ein geeigneter Aufbau für das KNN erarbeitet werden.

Die Topologie eines KNN wurde Bereits in Abschnitt 2.2 beschrieben. Da keine sequenziellen Daten verarbeitet werden müssen, eignet sich die Implementierung eines *Feedforward*-Netzwerkes. Als erstes wird der Datensatz auf die Eingabeschicht geladen, dann werden die Eingabesignale von den Knoten der Eingabeschicht über die versteckte Schicht zur Ausgabeschicht geleitet.

Um das Netz zu verbessern, wird die Backpropagation Methode nach dem Prinzip aus 2. 3 verwendet. Die Ausgangsfehler werden ermittelt, die Fehler zurückgeführt und die Gewichte aktualisiert.

Des Weiteren wird die Sigmoid-Aktivierungsfunktion eingesetzt, um die summierten Eingangssignale in das Ausgangssignal zu transformieren.

Phase 4: Netzwerkstruktur

Die Pixel einer Bilddatei können mit Farbwerten dargestellt werden. Die MNIST-Datenbank stellt Graustufenbilder zur Verfügung. Jeder Pixel eines Bildes kann durch eine ganze Zahl des Intervalls [0,255] abgebildet werden, der Wert null steht für die Farbe weiß und der Wert 255 stellt die Farbe schwarz dar. Ein Ziffernbild besteht aus 28*28 Pixeln, somit beinhaltet ein Bild 784 Farbwerte.[41]

Als nächstes soll die Netzgröße bestimmt werden. Die Größe der Ein- und Ausgabeschicht leitet sich aus der Problemstellung ab. Die Aufgabe des KNN ist es, das Bild zu klassifizieren und der richtigen Kennung zuzuordnen. Die Kennung ist eine der zehn Zahlen zwischen null bis neun. In diesem Zusammenhang sollte das KNN eine

---

[40] Vgl. Steppan (2020)
[41] Vgl. LeCun et al. (o.D.)

Ausgabeschicht von zehn Knoten umfassen, je ein Knoten für die mögliche Kennung. Die Anzahl der Eingabeknoten beträgt 784, weil das Bild einer handgeschriebenen Ziffer 784 Pixel beträgt. Die Wahl von 150 verborgenen Knoten ist wissenschaftlich nicht belegt. Wie bereits in Abschnitt 2.4 beschrieben, gibt es kein allgemeingültiges Verfahren, um die optimale Anzahl der versteckten Knoten zu bestimmen. Jedoch wurde die Anzahl der versteckten Knoten auf Basis folgender Überlegung festgesetzt. Zum einen sollte die versteckte Knotenanzahl nicht die Anzahl der 784 Eingabeknoten überschreiten, da nicht mehr Muster in den Eingabedaten identifiziert werden sollte. Zum anderen sollte die Anzahl der versteckten Knoten nicht die Anzahl der Ausgabeknoten unterschreiten, damit der Algorithmus genügend Muster erkennt. Da kein allgemeingültiges Verfahren gegeben ist, um die optimale verborgene Knotenanzahl zu bestimmen, besteht die Möglichkeit mehrere Konfigurationen der Knoten auszuprobieren.

Phase 5: Netzparameter

Die Initialisierung der Verbindungsgewichte erfolgt zufällig, hierfür wird die numpy-Bibliothek herangezogen.

Die Ausgabewerte vom neuronalen Netz müssen skaliert werden, da keine Ausgabewerte wie null und eins erzeugt werden können. Das hängt damit zusammen, dass die Aktivierungsfunktion diese beiden Werte nicht liefern kann, da es zu einem gesättigten Netz führt. Deswegen werden die Werte 0,01 und 0,99 verwendet.[42]

Bei der Ermittlung der optimalen Lernrate wird mit einer Lernrate in Höhe von 0,9 angefangen und schrittweise um 0,1 verringert, um den Zusammenhang zwischen Lernerfolg und Vorhersagekraft eines Neuronalen Netzes zu beobachten.

Phase 6: Training

In dieser Phase wird das Netzwerk trainiert.

---

[42] Vgl. Rashid (2017), S. 80

Um die Erfolgsquote zu erhöhen, wird das Training mehrmals wiederholt. Die mehrfache Wiederholung eines Trainings, wird ebenso als Epoche bezeichnet.[43] In der zugrundeliegenden Arbeit beträgt die Epochenanzahl fünf, bzw. werden fünf Wiederholungen mit dem Trainingsdatensatz durchgeführt.

Phase 7: Evaluieren

Nachdem das neuronale Netz trainiert wurde, soll mittels einem Testdatensatz die Leistung des trainierten Modells gemessen werden, um die Hypothese zu prüfen.

3.2 Analyse

Die im vorherigen Abschnitt erläuterte Herangehensweise wurde für die Lernrate 0,9 programmiert und ist im Anhang, Seite 27 beigefügt. Dieser Code wurde ebenso für die restlichen Netzwerke mit unterschiedlichen Lernraten verwendet. Aufgrund der Übersichtlichkeit konnten nicht alle Netzwerke beigefügt werden. Die Nachweise der restlichen sechs Netzwerke sind in der ZIP-Datei enthalten.

Es wird ein Netz mit drei Schichten erstellt. Die Eingabeschicht besteht aus 784 Knoten, die verborgene Schicht setzt sich aus 150 Knoten zusammen und die Ausgabeschicht aus zehn Knoten.

Alle Berechnungen wurden auf dem gleichen Rechner durchgeführt. Jedoch ist der genutzte Rechner aufgrund der Rechenkapazität nicht in der Lage gewesen, dass Neuronale Netzwerk mit einem Datenumfang von 60.000 Beispielen zu trainieren.

Vor diesem Hintergrund wurden die Ursprungs Datei auf 30.000 Traningsdaten reduziert. Somit umfasst der neue Trainingsdatensatz 30.000 Beispiel und der Testdatensatz 10.000 Beispiele.

Um die Hypothese zu überprüfen, wird schrittweise die Lernrate angepasst. Lediglich die Lernrate wird verändert, die anderen Parameter bleiben konstant.

---

[43] Vgl. ebd., S. 155

3.3 Ergebnisse

Das implementierte Modell erzielt folgende Ergebnisse:

Lernrate	Erfolgsquote
0.9	0.8685
0.8	0.8848
0.7	0.9164
0.6	0.9309
0.5	0.9414
0.4	0.9463
0.3	0.9581

Tabelle 1: Ergebnisse

Hypothese: Je höher die Lernrate einer Netzgröße, desto schlechter die Erfolgsquote.

Die Hypothese kann angenommen werden. Wird die Lernrate gesenkt, wirkt sich das positiv auf die gesamte Identifizierungszuverlässigkeit des neuronalen Netzes aus.

Bei der Anwendung des Neuronalen Netzes auf einen unbekannten Datensatz, bzw. Testdatensatz erreicht das entwickelte Modell eine Trefferwahrscheinlichkeit von 95,81%.

3.4 Diskussion

Offenbar führt eine größere Lernrate zu „*overshooting*", d.h. dass das Minimum übersprungen wird. Bei einer niedrigeren Lernrate steigt die Vorhersagkraft des Modells. Aus Tabelle 1 geht hervor, dass bei sinkender Lernrate, die Erfolgsquotenabstände tendenziell immer weniger werden, bzw. nähert sich das Neuronale Netz langsam dem lokalen oder globalen Minimum.an. Im Gegensatz dazu, wird bei einer hohen Lernrate das Minimum übersprungen und die Netzgenauigkeit nimmt ab.

Dennoch ist hervorzuheben, dass das implementierte Modell mit einer hohe Lernrate und einer Erfolgsquote von 86,85%, ebenso gute Qualität verzeichnet. Jedoch optimiert eine niedrigere Lernrate die Vorhersagekraft des Netzwerkes.

Darüber hinaus werden weitere Erkenntnisse erzielt. Das Training bei einer hohen Lernrate dauert länger als bei einer niedrigeren Lernrate. Während der Trainingsphase wurde bemerkt, dass sich die Trainingsdauer zunehmend bei abnehmender Lernrate reduziert. Vor diesem Hintergrund wurde konkret überprüft, wie lange die Trainingszeit bei einer Lernrate von 0,9 beträgt. Die Trainingszeit bei einer Lernrate von 0,9 beträgt ungefähr sechs bis sieben Minuten. Hingegen die Trainingszeit bei einer Lernrate von 0,3 ungefähr zwei bis drei Minuten andauert.

Eine weitere bemerkenswerte Feststellung ist, dass bei beiden Lernraten die Testphase gleich lang dauert, bzw. die Abweichungen nicht signifikant bemerkbar sind. Somit lässt sich schlussfolgern, dass bei einer optimaleren Lernrate, die Trainingszeit kürzer ist.

In diesem Zusammenhang würde die Möglichkeit bestehen, um die optimale Lernrate zu ermitteln, sich an der Trainingszeit zu orientieren. Diese Herangehensweise wäre eine optionale Alternative zur Empfehlung der Neuro-Fuzzy-AG der Universität Münster. Anstatt schrittweise bei unbefriedigendem Lernerfolg die Lernrate um 0,1 zu verringern, besteht die Möglichkeit, bei der Feststellung einer zu hohen Trainingszeit den Vorgang abzubrechen und eine andere Lernrate zu verwenden, um erneut den Algorithmus anzulernen. Bei der Feststellung, dass sich die Trainingszeit verkürzt, somit sich dem lokalen oder globalen Minimum angenähert wird, besteht weiterhin die Möglichkeit, schrittweise die Lernrate zu verringern. Problematisch bei dieser Herangehensweise könnte sein, dass die optimale Trainingsdauer unbekannt ist, bzw. sich die Fragestellung ergibt, wann die Trainingsphase abgebrochen werden sollte. Eine Herangehensweise wäre zu versuchen das Training abzuschließen, die Dauer festzuhalten und bei der Ausführung des nächsten Durchlaufes, bzw. beim Ausprobieren einer anderen Lernrate, die Dauer zu vergleichen. Dauert die Lernphase länger als die zuvor durchgeführte Lernphase, kann das Training abgebrochen werden. Sollte jedoch die Trainingszeit kürzer ausfallen, sollte sich ebenso die Vorhersagekraft des Neuronales Netzes steigern.

4. Fazit

DL bildet die technologische Basis von zahlreichen selbstlernenden Systemen. Ebenso ist es nahliegend, dass aufgrund von Fortschritten im Bereich *Quantencomputig* viele Bereiche transformiert werden. Umso wichtiger ist es, sich mit der Thematik KNN auseinanderzusetzen, um den Wandel nicht zu verpassen.

Das primäre Ziel der zugrundeliegenden Arbeit ist es den Zusammenhang zwischen Lernrate und Vorhersagekraft eines neuronalen Netzes zu untersuchen. In dieser Arbeit ist es gelungen, den Zusammenhang zwischen Vorhersagekraft eines Neuronalen Netzes und Lernrate zu untersuchen. Die zu Beginn aufgestellt Hypothese kann bestätigt werden. Je höher die Lernrate einer Netzgröße, desto schlechter die Vorhersagekraft des neuronalen Netzes. Wird die Lernrate gesenkt, wirkt sich das positiv auf die Vorhersagekraft des neuronalen Netzes aus.

Einige wenige Literaturen geben an, dass es weitere Möglichkeiten gibt, außerhalb der Traningsdaten, die Trefferwahrscheinlichkeit eines Neuronale Netz zu steigern. Die Ergebnisse dieser Studie beweisen, dass auf Basis der Anpassung der Lernrate, die Erfolgsquote eines Neuronalen Netzes optimiert werden kann.

Des Weiteren wurden weitere Zusammenhänge beobachtet und eine neue Herangehensweise für die Optimierung der Lernrate abgeleitet. Solche Herangehensweisen sind insbesondere vor dem Hintergrund wichtig, dass in Zukunft eine unmittelbare Transformation mittels KI bevorsteht.

Eine interessante Fortsetzung dieser Studie könnte sein, die Beziehung mehrere Faktoren, wie z.B. Lernrate, Netzgröße und Vorhersagekraft eines Neuronalen Netzes zu untersuchen.

Insgesamt gibt es wenig Forschung über Optimierungsmaßnahmen der neuronalen Netze, obwohl eine Vielzahl von Anpassungsmöglichkeiten bestehen.

5. Literaturverzeichnis

Buxmann, Peter. & Schmidt, Holger. (2021). *Künstliche Intelligenz: Mit Algorithmen*

    zum wirtschaftlichen Erfolg (2. Auflage). Springer Gabler.

    https://doi.org/10.1007/978-3-662-61794-6

Wuttke, Laurenz. (2020). *Künstliche Neuronale Netzwerke: Definition, Einführung,*

    Arten und Funktion. datasolut GmbH. https://datasolut.com/neuronale-

    netzwerke-

    einfuehrung/#:%7E:text=Neuronale%20Netze%20sind%20ein%20sehr%20aktiv

    es%20Forschungsgebiet%20und,Muster%20extrahieren%2C%20um%20diese%

    20auf%20unbekannte%20Daten%20anzuwenden (Zugriff 16.07.2021).

Forschungszentrum Jülich. (2018). *Künstliche Intelligenz im Dienst der Wissenschaft.*

    Jülich Forschungszentrum.

    https://www.fzjuelich.de/portal/DE/Presse/beitraege/2018/ki-im-dienste-der-

    wissenschaft/_node.html (Zugriff 16.07.2021).

Franken, Rolf. & Franken, Swetlana. (2020). *Wissen, Lernen und Innovation im*

    digitalen Unternehmen: Mit Fallstudien und Praxisbeispielen (2. Auflage).

    Springer Gabler. https://doi.org/10.1007/978-3-658-30178-1

Fraunhofer Gesellschaft. (2018). *MASCHINELLES LERNEN EINE ANALYSE ZU KOMPETENZEN, FORSCHUNG UND ANWENDUNG.* http://publica.fraunhofer.de/dokumente/N-497408.html

Kriesel, David. (2007). *Ein kleiner Überblick über Neuronale Netze.* http://www.dkriesel.com/science/neural_networks

Kruse, Rudolf., Borgelt, C., Braune, C., Klawonn, F., Moewes, C. & Steinbrecher, M. (2015). *Computational Intelligence: Eine methodische Einführung in Künstliche Neuronale Netze, Evolutionäre Algorithmen, Fuzzy-Systeme und Bayes-Netze* (2. Auflage). Springer Vieweg. https://doi.org/10.1007/978-3-658-10904-2

LeCun, Yann., Cortes, Corinna. & Burges, Christopher. J. C. (o. D.). THE *MNIST DATABASE of handwritten digit.* THE MNIST DATABASE of handwritten digits. http://yann.lecun.com/exdb/mnist/ (Zugriff 16.07.2021).

Rashid, Tariq. (2017). *Neuronale Netze selbst programmieren: Ein verständlicher Einstieg mit Python.* O'Reilly.

Rey, Günter Daniel. & Beck, Fabian (o. D.). *Neuronale Netze - Eine Einführung.* neuronalesnetz.de.

Steppan, Josef. (2020). *MNIST-Datenbank*. Wikipedia.

    https://de.wikipedia.org/wiki/MNIST-Datenbank (Zugriff 16.07.2021).

von Klot, Christoph- Alexander J. & Kuczyk, Markus A. (2018). Künstliche Intelligenz

    und neuronale Netze in der Urologie. *Der Urologe, 58*(3), 291–299.

    https://doi.org/10.1007/s00120-018-0826-9

Walde, J. (2005). *Design Künstlicher Neuronaler Netze*. Deutscher Universitätsverlag.

    https://doi.org/10.1007/978-3-322-81211-7_7

Weber, Felix. (2020). *Künstliche Intelligenz für Business Analytics: Algorithmen,*

    Plattformen und Anwendungsszenarien. Springer Vieweg.

    https://doi.org/10.1007/978-3-658-29773-2

6. Anhang

```python
#Matritzen
import numpy
#scipy.special für die Sigmoidfunktion
import scipy.special
#grafische Datstellung
import matplotlib.pyplot
#Grafiken im Notebook
%matplotlib inline
```

In [10]:

```python
#Klasse Definition
class neuralNetwork:

    #Initialisierung nN
    def __init__(self, inputnodes, hiddennodes, outputnodes, learningrate):
        #Anzahl der Knoten in Eingabe-verborgene- und Ausgabeschicht
        self.inodes = inputnodes
        self.hnodes = hiddennodes
        self.onodes = outputnodes

        #Verknüpfung Verbindungsgewichte Matrix,wih and who
        #Verknüpfung von Knoten i zu j
        self.wih = numpy.random.normal(0.0, pow(self.inodes, -0.5), (self.hnodes, self.inod
        self.who = numpy.random.normal(0.0, pow(self.hnodes, -0.5), (self.onodes, self.hnod

        #Lernrate
        self.lr = learningrate

        #Aktivierungsfunktion: Sigmoidefunktion
        self.activation_function = lambda x: scipy.special.expit(x)

        pass
```

22

```
#Trainiere nN
def train(self, inputs_list, targets_list):
    #Konvertierung Eingaben zu zweiter array
    inputs = numpy.array(inputs_list, ndmin=2).T
    targets = numpy.array(targets_list, ndmin=2).T

    #Signale in verborgene Schicht
    hidden_inputs = numpy.dot(self.wih, inputs)
    #Aktivierung verborgene Schicht
    hidden_outputs = self.activation_function(hidden_inputs)

    #Signale in Ausgabeschicht
    final_inputs = numpy.dot(self.who, hidden_outputs)
    #Signale von Ausgabeschicht
    final_outputs = self.activation_function(final_inputs)

    #Ausgabeschichtfehler (gewünscht-wirklich)
    output_errors = targets - final_outputs
    #Fehler verborgene Schicht=Ausgabefehler, teilen durch Gewichte
    hidden_errors = numpy.dot(self.who.T, output_errors)

    #Gewihte aktualisieren, Verknüpfung zwischen verborgene- und Ausgabeschicht
    self.who += self.lr * numpy.dot((output_errors * final_outputs * (1.0 - final_outpu

    #Gewichte aktualisieren, Verknüpfung zwischen Eingabe- und verborgene Schicht
    self.wih += self.lr * numpy.dot((hidden_errors * hidden_outputs * (1.0 - hidden_out

    pass


# query nN
def query(self, inputs_list):
    #Übertrage Einhabe in zweite array



    inputs = numpy.array(inputs_list, ndmin=2).T

    #Signale in verborgene Schicht
    hidden_inputs = numpy.dot(self.wih, inputs)
    #Aktivierung Signale von verborgene Schicht
    hidden_outputs = self.activation_function(hidden_inputs)

    #Signale in Ausgabeschicht
    final_inputs = numpy.dot(self.who, hidden_outputs)
    #Aktivierung Signale von Ausgabeschicht
    final_outputs = self.activation_function(final_inputs)

    return final_outputs
```

In [11]:

```
#Anzahl Eingabe-verborgene- und Ausgabeneuronen
input_nodes = 784
hidden_nodes = 150
output_nodes = 10

#Lernrate
learning_rate = 0.9

#Insatanz nN
n = neuralNetwork(input_nodes,hidden_nodes,output_nodes, learning_rate)
```

In [12]:

```
#Laden mnist training Datensatz CSV file in eine Liste
training_data_file = open("C://Users/emili/Desktop/mnist_train.csv", 'r')
training_data_list = training_data_file.readlines()
training_data_file.close()
```

In [13]:

```
#Traniere nN

#Epoche ist die Anzahl, indem der Trainingsdatensatz für das Training genutzt wurde
epochs = 5

for e in range(epochs):
    #alle Datensätze im Traingsdatensatz durchgehen
    for record in training_data_list:
        #Datensatz durch Komma teilen
        all_values = record.split(',')
        #Skalieren und verschieben der Eingaben
        inputs = (numpy.asfarray(all_values[1:]) / 255.0 * 0.99) + 0.01
        targets = numpy.zeros(output_nodes) + 0.01
        #alle Werte ist der Zielwert für diesen Datensatz
        targets[int(all_values[0])] = 0.99
        n.train(inputs, targets)
        pass
    pass
```

In [14]:

```
#Lade Testdatensatz
test_data_file = open("C://Users/emili/Desktop/mnist_test (1).csv", 'r')
test_data_list = test_data_file.readlines()
test_data_file.close()
```

In [15]:

```
#Testen nN

#Erfolgsquote
scorecard = []

#alle Datensätze im Testdatensatz durchgehen
for record in test_data_list:
    #Datensatz durch Komma teilen
    all_values = record.split(',')
    #richtige Antwort ist erster Wert
    correct_label = int(all_values[0])
    #skalieren und verschieben Eingaben
    inputs = (numpy.asfarray(all_values[1:]) / 255.0 * 0.99) + 0.01
    # query Netzwerk
    outputs = n.query(inputs)
    #höchster Index
    label = numpy.argmax(outputs)
    #richtig und falsch
    if (label == correct_label):
        #richtige Antwort, 1
        scorecard.append(1)
    else:
        #falsche Antwort 0
        scorecard.append(0)
        pass

    pass
```

In [16]:

```
#Berechnung Erfolgquote
scorecard_array = numpy.asarray(scorecard)
print ("performance = ", scorecard_array.sum() / scorecard_array.size)
```

performance = 0.8685